Der vergessene Pfad

*Ein Kinderbuch
für jedes Alter*

"Das Volk, das in der Finsternis wandelt, hat ein großes Licht
gesehen; über den Bewohnern des Landes der Todesschatten
ist ein Licht aufgeleuchtet."

Jesaja 9,1 Schlachter

MICHAELA COZAD

„So spricht der HERR: Tretet hin an die Wege und schaut und fragt nach den Pfaden der Vorzeit, welches der gute Weg ist, und wandelt darauf, so werdet ihr Ruhe finden für eure Seelen!"
Jeremia 6,16 Schlachter

„Was soll diese Aufregung? Warum weint ihr? Die *[Kinder] sind nicht tot, sie schlafen nur." Markus 5,39 NGU

Ich beginne diese Geschichte, indem ich dir ein Geheimnis anvertraue: Sie war ein Diamant.

Obwohl sie es nicht wusste, war sie in der Tat ein Diamant unter Rubinen, Smaragden und Saphiren.

Schon als Kind sah sie in allen Dingen Wunder und Schönheit. Ihr Name war Prisma.

Prisma lebte in dem Königreich Celestia, was so viel wie himmlisch bedeutet,
in der Nähe eines kleinen Städtchens namens Schlummer. Schlummer war ein malerisches Dorf, eingebettet in ein tiefes Tal, umgeben von zwei große Bergen.

Nebel stieg von den Bergen herab und legte sich auf das Dorf, wie eine kuschelige Decke. Dadurch wurde ein ruhiger und gemütlicher Ort geschaffen, der zum Bleiben einlud. So gemütlich, dass sogar die Zeit sich scheinbar langsamer bewegte und die Menschen dort ihr Leben wie in einem Halbschlaf verbrachten.

Die Menschen aus Schlummer waren bekannt als die "Juwelen-Träger". Gekleidet in satte Farben und Edelsteine, waren die Juwelen-Besetzten stolz auf ihre wichtigen Pflichten und ihren Status in der Stadt. Jeder Dorfbewohner von Schlummer gehörte einem Clan an: Rubine, Saphire und Smaragde. Die Farbe deines Steins sagte aus, welches dein Clan war und dass du akzeptiert wurdest. Alles in diesem verschlafenen kleinen Städtchen drehte sich um die Farbe deines Steins und darum, wo du hingehörtest.

Prisma allerdings kam ursprünglich nicht aus Schlummer. Ihr Stein war daher weder ein Rubin noch ein Saphir oder Smaragd. Ihr Stein war durchsichtig, rau, ungeschliffen und unpoliert, so ganz anders als die Steine der anderen Clans.

Ihre Kleidung war weder farbenfroh noch mit speziellen Fäden verziert. Sie trug nur ein einfaches weißes Kleid, das so locker und frei fiel, wie auch ihr wildes Haar und ihr Geist. Sie war ganz einfach anders und hatte Mühe, sich in die verschlafene Kultur um sie herum einzufinden.

Nichtsdestotrotz wachte Prisma jeden Morgen auf, ihren rauen Stein liebevoll in den Händen haltend und sagte zu sich selbst:

"Vielleicht wird ja heute jemand etwas Besonderes an meinem kleinen Stein entdecken. Er muss irgendwie besonders sein."

Lächelnd steckte sie den Stein zurück unter ihr Kleid, nah an ihrem Herzen, wo er sicher war. Dann machte sie sich auf den Weg ins Städtchen mit der Hoffnung, dass sie ihren Platz in der Welt finden würde.

Jedoch erschien dieser Tag auch nicht anders zu sein als die vielen Tage zuvor. Prisma lief ins Städtchen und nahm auch diesmal den weiten, ausgetretenen Pfad, der von dunstigem Licht beleuchtet wurde, indem die Sonne versuchte sich einen Weg durch den dichten Nebel zu bahnen. Während sie ihres Weges ging, dachte sie: „Ich frage mich, wie oft ich diesen Weg schon gegangen bin. Merkwürdig, ich kann mich gar nicht mehr erinnern, wie lange ich schon hier bin."

Als Prisma weiterging, bemerkte sie eine kleine Lücke im Nebel, wo ein Stück reines Sonnenlicht durch den Nebel brach. Dort, wo die Sonne den Boden berührte, glitzerte er und wirkte lebendig und Prisma bemerkte einen kleinen, schmalen Pfad, der sich in den Wald und den Berg hinauf schlängelte.

„Soll ich es wagen?", fragte sich Prisma laut. „Soll ich die Bequemlichkeit dieses verhangenen Tales verlassen?" Sie schaute sich um. „Der Weg sieht vergessen aus, so als hätte ihn seit vielen Jahren niemanden mehr benutzt... Die Juwelen-Träger warnen vor solchen Pfaden, auf denen Kinder in den Wald geführt werden, sich dann dort verlaufen und für immer verloren gehen...". Langsam begann Prisma dem schmalen Pfad, der in die Bäume führte, zu folgen. Obwohl ihr Verstand zögerte, war ihr Herz neugierig und wurde wie mitgezogen.

Prisma ging weiter den Berg hinauf und tiefer in den Wald hinein. Sie wusste nicht, wie weit sie gegangen war, als sie plötzlich aus dem Nebel brach und unter sich das ganze Städtchen Schlummer im Tal liegen sah. „Von hier oben sieht es so klein aus...", flüsterte sie vor sich hin.

Von einer Empfindung getrieben, die sie selbst nicht ganz benennen konnte, sondern nur als eine verschwommene ferne Erinnerung beschreiben konnte, trat sie durch ein Tor auf eine kleine Lichtung. Das weiche, taufrische Gras, gesprenkelt mit einer Fülle an Wildblumen, fühlte sich flauschig unter ihren Füßen an. Ein gurgelnder Bach schlängelte sich durch die ihn umgebenden Bäume und endete in einem kleinen Teich. In der Mitte der Lichtung, unter der Wärme der direkten Sonnenstrahlen liegend, glänzte ein großer, flacher Stein. „Es herrscht Frieden an diesem Ort, gleichzeitig ist er geheimnisvoll...", dachte das junge Mädchen. Sie setzte sich auf den Felsen, schloss ihre Augen und sog die frische Luft und die wärmenden Sonnenstrahlen in sich auf.

Tief atmend verband Prisma
sich mit der sie umgebenden
Schönheit und fand einen Ort
jenseits von Schlummer. Zum
ersten Mal kam sie zur Ruhe.

Täglich ertappte sich Prisma dabei, dass sie den vergessenen alten Pfad hinaufging und an diesen Ort zurückkehrte, entweder wenn sie auf dem Weg ins Städtchen war oder auf ihrem Heimweg. Manchmal kam sie sogar mehrmals am Tag zur Lichtung. Etwas an diesem Ort fühlte sich vertraut an. Dort, auf dem Felsen, war sie in Sicherheit. Es spielte keine Rolle, welche Farbe ihr Stein hatte, was sie anhatte oder dass sie ein Kind war. Manchmal zog sie ihren Stein, der an der Kette um ihren Hals hing, hervor und warf einen Blick darauf und bemerkte, dass er sogar fast schön aussah in dem funkelnden Sonnenlicht. Je häufiger Prisma ihren „geheimen Garten" besuchte, desto mehr fühlte sie sich, ganz sie selbst, gleichzeitig fühlte sie sich immer fremder im Städtchen. Schlummer schien grauer zu sein als vorher und die Stadtbewohner schläfriger, als sie es je wahrgenommen hatte. Trotz allem gab es einen Teil in ihr, der sich fragte, warum sie so anders war und ob irgendjemand jemals den kleinen Schatz akzeptieren würde, den sie nah an ihrem Herzen trug.

Eines Morgens war Prisma in ihrem geheimen Garten und als sie über diese Dinge nachdachte, begannen Tränen über ihre Wangen zu fließen. Die Gegenwart war dichter an diesem Tag und sie konnte die Süße des Ganzen kaum aushalten.

"Willkommen zurück, meine Freundin...", rief eine Stimme.

Prisma wischte ihre Tränen weg und öffnete die Augen. Ein Wesen, ein junges Mädchen, scheinbar nicht viel älter als sie selbst, tauchte aus dem Wasser auf. Ihr Kleid war so durchscheinend wie das Wasser selbst und ihr wallendes Haar war mit Blumen geschmückt. Sie bewegte sich langsam und sanft, aber in ihren Augen lag eine gewisse Wildheit.

„Wer bist du?", fragte Prisma.

„Ich habe viele Namen", antwortete das junge Wesen. „Lehrer, Tröster, Ermutiger, Geist der Gottheit, Freund." Das Wesen kicherte, schüttelte Wasser und Blumen aus ihrem Haar und sagte: „Du kannst mich Quelle nennen, denn ich komme aus diesem Teich lebendigen Wassers. Willkommen im Garten der aus alter Vorzeit Stammenden, Prisma."

Prisma war überrascht. „Woher kennst du meinen Namen?", fragte sie.

„Ich bin der Geist des Großen Himmlischen Königs, der weiß, sieht und über ganz Celestia herrscht. Er hat mich hierher zu dir gesandt, um dir zu zeigen, wer du bist und wohin du gehörst."

Prisma war aufgeregt und beunruhigt zugleich von dem gerade Gehörten. Sie liebte den Großen König und Seinen gütigen Sohn. Seit sie ein kleines Mädchen war, hatte sie von Ihm gehört und die Saphire lehrten über Seine großartigen Wunder und Opfer. Aber könnte Er ihr tatsächlich helfen, die Farbe ihres Steins zu verändern?

„Das wird schwierig sein, selbst für Ihn", murmelte Prisma, während sie ihren Stein herauszog. „Schau, alle in der Stadt Schlummer gehören einem Clan an und jeder Clan tut wichtige Dinge für die Stadt. Die Farbe des eigenen Steins definiert zu welchem Clan man gehört. Mein Stein jedoch hat keine Farbe. Die Menschen denken, dass ich seltsam bin und nirgendwohin gehöre."

„Hier", antwortete Quelle, der Geist, und zog einen Spiegel zwischen den Steinen im Wasser hervor. „Dieser Spiegel besteht aus lebendigen Steinen, die vom Wasser des Baches geformt wurden. Schau hinein und du wirst die Wahrheit erkennen, wer du bist und einen sehr kostbaren Schatz finden."

Vorsichtig hielt Prisma den Spiegel in der Hand, neugierig darauf, was sie sehen würde. Das Einzige aber, was sie sah, als sie hineinblickte, war ihr eigenes Spiegelbild.

„Ich sehe nichts.", sagte sie verwirrt.

„Schau genau hin und die Antwort wird kommen.", erwiderte Quelle, während sie langsam wieder in dem Wasserbecken verschwand.

Prisma machte sich auf und ging wieder den Weg vom Berg hinunter in die Stadt, mit dem Spiegel in ihrer Tasche und ihrem Stein an ihrer Brust. In ihrem Herzen sann sie über die Worte von Quelle nach und fragte sich, was all diese Dinge bedeuteten. Der Garten von den aus alter Vorzeit Stammenden, ein Spiegel, der ihr einen Schatz und einen Ort, an den sie gehört, zeigen konnte und ein Großer König, der alles sehen kann; all das war zu viel, um es greifen zu können. Sie warf einen Blick in den zarten Spiegel, während sie auf dem weiten Pfad zurück ins Städtchen lief, konnte aber wieder nur ihr eigenes Spiegelbild ausmachen.

„Wie merkwürdig...", flüsterte sie.

Als Prisma ins Städtchen kam, bemerkte sie, dass der Nebel über Schlummer noch dichter war als zuvor. Die Luft war schwer, aber nicht auf die süße Art, wie in Quelles Gegenwart. Eher so, dass es sich anfühlte, als würde das ganze Gewicht auf ihren Schultern lasten. Sie bemerkte, dass sowohl das Atmen als auch das Sehen anstrengender war.

„Ist es heute nicht ein schöner Tag?", hörte sie einen Smaragd zu einem anderen im Vorbeigehen sagen.

„Ja", antwortete der andere, „ich liebe diese frische Luft."

„Das ist keine frische Luft...", dachte Prisma und schüttelte den Kopf.

Prisma betrat das Städtchen in der Hoffnung, jemanden zu finden, der helfen könnte zu entschlüsseln, was sie in dem magischen Spiegel sehen sollte. „Ich werde zum Clan-Anführer der Rubine gehen", sagte sie zu sich. „Sie sind weise in Gerechtigkeit und herrschen über die Ordnung von Schlummer. Sicherlich werden sie die Wahrheit in diesem Spiegel erkennen können."

Sie betrat das Zuhause des Rubin-Clans, einen großen Bau aus Marmor mit drei Säulen am Eingang. Prisma betrat einen großen Raum, in dem viele der Rubine über ihren Büchern und Papieren schliefen und dabei murmelten und über Nichtigkeiten diskutierten.

„Ich bin auf der Suche nach dem Anführer des Rubin-Clans.", rief Prisma. „Ich hoffe, du kannst mir helfen, die Wahrheit zu erkennen, die in diesem magischen Spiegel verborgen ist, damit ich herausfinde, wo ich hingehöre." Sie streckte ihre Hand mit dem Spiegel aus, aber niemand rührte sich.

„Hallooooo!", rief sie wieder.

Eine große Gestalt, in ein tiefrotes Samtgewand gekleidet, begann sich zu regen. Er saß auf einem großen Marmorsockel und hielt einen Hammer in der Hand. Er blinzelte langsam, hob seinen großen, wackeligen Kopf und suchte durch halb geöffnete Augen nach der lauten Stimme.

„Wer ist da?", dröhnte seine Stimme.

„Ich bin Prisma", antwortete das Mädchen. „Ich bin auf der Suche nach dem Anführer des Rubin-Clans. Ich brauche Hilfe, um die Wahrheit in diesem magischen Spiegel zu sehen. Er soll einen großen Schatz enthüllen und mir zeigen, wo ich hingehöre." Prisma hielt den Spiegel hoch.

„Ich bin Gesetz", antwortete der Mann, „und ich bin der Anführer des Rubin-Clans. Lass mich diesen Spiegel sehen, von dem du sprichst."

Er nahm den Spiegel und blickte hinein. „Ah!", rief er selbstsicher. „Die Antwort ist klar!"

Prisma lächelte und war gespannt darauf, was der Rubinanführer sah.

„Ich sehe meine Krone und meinen schönen Rubinstein", erwiderte Gesetz und bewunderte sein Spiegelbild.

„Was meinst du damit?", fragte Prisma.

„Diese große goldene Krone auf meinem Haupt repräsentiert die Regierung und dieser Rubin gibt mir die Autorität über die Regierung. Nur indem man sich an das Gesetz hält, findet man Wahrheit. Gesetze, Befehle, Regeln, sie sind der wahre Schatz, den du suchst." Er reichte ihr den Spiegel zurück.

Prisma nahm ihn und schaute hinein, sah aber weder Rubine noch Gesetze oder Regeln.

„Das verstehe ich nicht.", sagte sie leise.

„Natürlich nicht.", erwiderte Gesetz. „Du bist nur ein Kind und kein Rubin. Du gehörst nicht in das Büro der Regierung."

Und damit verfiel der Rubin-Anführer wieder in seinen Dämmerzustand, seine Augen wurden glasig und schlossen sich fast vollständig und Prisma wurde mit ihren eigenen Gedanken allein gelassen.

Prisma verließ den Rubin-Clan und war verwirrter als zuvor. „Das kann doch sicher nicht die Wahrheit sein von der Quelle gesprochen hat. Denn ich sehe keine Rubine oder Gesetze, sondern nur mein eigenes Spiegelbild." Sie schaute auf und sah einen Saphir, einen Priester, dessen Aufgabe es war, die Menschen über den Großen Himmlischen König zu lehren.

„Ein Saphir weiß bestimmt, welche Wahrheiten in diesem Spiegel verborgen liegen!", rief Prisma aus. „Denn er spricht ja persönlich zum Großen Himmlischen König!"

„Entschuldigung", rief Prisma, als sie sich dem Saphir näherte, der träge eine Kapelle verließ und dabei wichtige Gebete murmelte. „Mein Name ist Prisma und ich versuche, die verborgenen Wahrheiten in diesem Zauberspiegel zu finden." Sie reichte den Spiegel dem Saphirpriester, der nun aus seinem gelehrigen Zustand gerissen wurde. „Es soll einen kostbaren Schatz offenbaren und mir helfen herauszufinden, wo ich hingehöre."

Der Saphirpriester antwortete: „Ich bin Lehre, Anführer des Saphir-Clans. Ich werde die Wahrheiten, die du suchst, mit dir teilen."

Lehre untersuchte den Spiegel sorgfältig. „Wo hast du ihn her?", fragte er.

„Von einem kleinen Teich am Ende eines Baches", antwortete Prisma, „von einem alten Pfad kommend, der in die Berge führt."

Der Saphirpriester rieb sich sanft das Kinn. „Ich habe von solchen Wegen gehört. Man sagt, dass es sich dabei um die Wege handelt, über die unsere Vorfahren den Berg hinabgestiegen sind, um sich in diesem Tal niederzulassen." Lehre lächelte liebevoll. Seine Augen wirkten lebendiger, als er sprach.

„Der Große Himmlische König hat unsere Vorfahren mit diesem Tal beschenkt und beauftragte uns, es zu pflegen. Er versorgte unsere Vorfahren mit Anweisungen für Gesetze, Gottesdienste und Dienste für Ihn und gab ihnen sicheren Zugang zum Tal."

Prisma hörte aufmerksam zu, doch sobald die Geschichte des Saphirpriesters begann, endete sie auch schon wieder. Lehre schüttelte den Kopf, als wollte er sich in den Moment zurückversetzen und führte dann aus: „Heutzutage sind solche Wege für uns irrelevant. Sie galten nur für die damalige Zeit, denn inzwischen haben wir uns in diesem gemütlichen Tal gut eingelebt und kennen alle Gesetze und Bräuche, die erforderlich sind, um mit dem Großen König zu sprechen. Ich würde empfehlen, solche ungewöhnlichen Wege nicht einzuschlagen, insbesondere nicht als ein kleines Kind. Das zu tun, ist sowohl töricht als auch gefährlich."

„Jetzt wollen wir mal sehen, welche Wahrheiten dieser Spiegel enthält." Lehre blickte tief in den Spiegel. „Ja, in der Tat…", sagte er nickend, als er es dem Mädchen zurückgab. „Was hast du gesehen?", fragte sie.

„Ich sah meinen blauen Satinumhang und meine Kapuze mit meinem Saphirstein.", antwortete er und kehrte in seinen schläfrigen Zustand zurück.

„Dein was?", fragte sie verwirrt, schaute in den Spiegel und dann wieder zum Saphirpriester.

„Dieser Umhang und diese Kapuze bedeuten, dass ich ein heiliger Mann bin, und dieser Saphir gibt mir die Autorität, mit dem Großen Himmlischen König zu sprechen.", erklärte Lehre. „Liebes Kind, die Wahrheit liegt in unserem Dienst für den König. Taten der Hingabe und Frömmigkeit, sowie das Praktizieren großer Gebete sind die Wege, Ihm wirklich zu gefallen."

Prisma hatte Zweifel, denn sie sah keine Saphire oder Umhänge oder besondere Gebete im Spiegel. Sie war sich jedoch sicher, dass Lehre recht haben musste, denn er sprach mit dem Großen König und dieser Spiegel war ein Geschenk von Ihm.

„Wie kann ich dienen und mit dem Großen Himmlischen König reden?", fragte sie den Saphirpriester.

Lehre kicherte, während er gähnte und ihren Kopf tätschelte.

„Liebes Mädchen", erklärte er, „du bist nur ein Kind. Nur Saphire wissen, wie man wirklich dient und können mit dem König sprechen. Um das zu lernen, musst du viele Jahre von einem Saphir lernen. Mach dir aber keine Sorgen, ich werde für dich mit dem Großen Himmlischen König sprechen."

Mit diesen Worten wurde Lehre wieder in seine Beschäftigung eingelullt, murmelte seine Gebete und kehrte zu seinem Schlafwandeln zurück.

Prisma fühlte sich niedergeschlagener denn je. Obwohl sie den Großen König und Seinen Sohn liebte, konnte sie Ihm nicht einmal dienen. „Was für ein elender Mensch ich bin", sagte sie zu sich, als sie sich auf den Heimweg machte.

„Hör nicht auf diese aufgeblasenen Schlangen der Regierung und Frömmigkeit."

Prisma blickte auf und sah eine große, grün gekleidete Frau.

„Ein Smaragd!", dachte Prisma.

„Rubine und Saphire finden sich großartig", erklärte die Smaragdfrau und verdrehte die Augen. „Sie täuschen über ihr egoistisches Verlangen nach Selbstgefälligkeit hinweg, indem sie es als einen großen Dienst für die Menschen in Schlummer tarnen."

Die Stimme der smaragdgrünen Frau war so seidig wie ihr langes grünes Kleid, hatte aber etwas Gehässiges an sich, das Prisma Angst machte, frei zu sprechen.

„Ich konnte nicht verhindern, euer Gespräch mit anzuhören…", fuhr die Frau fort, während sie auf das Mädchen zuging. „Mein Name ist Habsucht und ich bin die Anführerin des Smaragd-Clans." Sie legte eine Hand zärtlich auf Prismas Schulter, während sie mit der anderen den Spiegel aus Prismas Händen nahm. „Ich muss nicht einmal hineinsehen in diesen Spiegel, um dir seine Wahrheiten zu sagen, Liebes."

Prisma blickte in Habgiers Gesicht. Es war wunderschön, aber ihre Augen waren unheimlich. „Was meinst du?", fragte das Mädchen.

Habgier drehte den Spiegel herum, während sie sprach. „Reichtum, Liebling, ist der größte Schatz. Rubine und Saphire kümmern sich nur um ihre Position, denn von dort beziehen sie ihre Macht. Aber Reichtum …", sagte sie und zog eine Goldmünze hervor - „... Reichtum kann sowohl das Gesetz beeinflussen als auch zur Frömmigkeit bewegen."

Habgier lachte vor sich hin. „Gesetz glaubt, dass er Menschen regieren und mit seinen Regeln Ordnung schaffen kann. Lehre wiederum glaubt, dass seine Praktiken Menschen mit dem Großen König verbinden können… Aber wirft man ihnen ein wenig Geld hin, so ändern sie all ihre großartigen Lehren." Sie seufzte und sah das Mädchen mit gespielter Unschuld an. „Wir alle versuchen nur, uns anzupassen und unseren Einflussbereich zu finden, indem wir Täuschung und Manipulation benutzen, um dorthin zu gelangen. Ich bin die Einzige, die das wenigstens zugibt. Und das, Liebling", sagte Habgier, während sie Prisma den Spiegel zurückgeben wollte, „ist die tatsächliche Wahrheit."

Zu diesem Zeitpunkt begann die Sonne bereits hinter den Bergen zu versinken und Dunkelheit kam über die Stadt.

„Ich muss gehen.", sagte Prisma langsam und griff nach ihrem kostbaren Spiegel.

„Noch eine Sache...", sprach Habgier in einer Art Singsang, während sie gleichzeitig den Spiegel mit einer kleinen Bewegung ihres Handgelenks zurückzog. „Wie wäre es, wenn ich dir diesen elendigen Spiegel hier abnehmen würde? Obwohl er völlig nutzlos ist, werde ich dich sogar dafür bezahlen."

„Ich will kein Gold.", antwortete Prisma.

„Das ist auch nicht das, was ich dir anbiete." Während Habgier antwortete, zog sie einen dunklen, glitzernden, grünen Stein aus der Tasche ihres Gewandes. „Ich hatte an das hier gedacht." Sie streckte den funkelnd grünen Smaragd in Primas Richtung. Der verlockende Schimmer fesselte Prismas Aufmerksamkeit und Habgier spürte, dass Prisma versucht war, anzunehmen.

„Ist es nicht das, was du willst?", fuhr Habgier fort und hielt den Stein in Richtung der letzten dunstigen Sonnenstrahlen. „Ein echter Stein, ein Clan, ein Ort, an den man gehört..."

Prismas Hand näherte sich dem Smaragd.

„Ja, Liebling. Jetzt kennst du die Wahrheit und hast einen Ort, an den du gehörst; beides hat dir der Spiegel versprochen, aber nicht erfüllt."

Es war eine köstliche Versuchung und Prisma war so kurz davor all das zu erreichen, was sie sich so sehnlichst gewünscht hatte. Plötzlich blitzten die Augen von Quelle in ihrer Erinnerung auf. Diese wilden Augen sahen jetzt aus wie Flammen und blickten tief in ihre Seele.

Schnell zog Prisma ihre Hand zurück. „NEIN! Nein danke."

„Ganz wie du willst", antwortete Habgier trocken und gab den Spiegel zurück. „Ich werde darauf warten, dass du deine Meinung änderst."

Prisma schnappte den Spiegel und rannte eilig aus dem Städtchen hinaus. Während sie rannte, begann sie zu weinen. Was sich an diesem Morgen noch wie Hoffnung angefühlt hatte, machte sie nun verwirrter und einsamer als vorher. Prisma begann über ihren geheimen Garten nachzudenken, und obwohl ihre Seele nur nach Hause gehen und weinen wollte, sehnte sich ihr Herz nach der Gelassenheit und dem Frieden, den sie an diesem Ort fand. Die Sonne war jetzt schon ganz hinter den Bergen verschwunden, das ganze Tal war in Nacht gehüllt und Prismas Augen waren vom Weinen so ermüdet und verquollen, dass es fast unmöglich war, etwas zu sehen. Gerade als Prisma alle Hoffnung aufgeben wollte, den Weg zu finden, erhaschte sie einen Blick auf Quelles Haarspitzen, die sich im Mondlicht spiegelten, als diese im Wald verschwand.

„Quelle!", schrie Prisma unter Tränen, als sie ihr nachlief. „Geist, warte!"

Prisma rannte so schnell durch den dunklen Wald, wie ihre kleinen Beine sie tragen konnten und kämpfte sich vorbei an Ästen, Steinen und Tränen. Obwohl es schwer war und sich die Reise herausfordernder anfühlte als alles andere zuvor in ihrem Leben, erschien es Prisma, als ob Quelle, der Geist des Großen Himmlischen Königs, wie ein Blitz in der Nacht war und so den richtigen Weg zeigte.

Endlich schoss Prisma aus dem Wald heraus und

landete auf der Lichtung ihres geheimen Gartens. Der Felsen, auf dem sie viele Male gesessen hatte, glitzerte sogar im Licht des Mondes. Erschöpft, legte sich Prisma über den Felsen und fing an zu weinen. „Alles was ich je gewollt habe, war nur das Eine." Sie weinte zwischen Schluchzern. „Ich wollte doch nur dazugehören."

„Hast du gefunden, wonach du gesucht hast?"

Prisma blickte auf und sah Quelle auf dem Wasser stehen.

„Nein", antwortete das Kind und wischte über ihr Gesicht. „Da muss etwas falsch mit mir sein, weil ich nicht sehen kann, was der Spiegel zeigt. Ich habe alle wichtigen Leiter im Tal von Schlummer gefragt und nichts ergibt einen Sinn ..." Prisma bemühte sich das Weinen zu stoppen, konnte aber ein Schniefen nicht unterdrücken.

„Du hast nicht alle gefragt", antwortete Quelle lächelnd. „Komm mit."

Quelle streckte dem Kind ihre schlanke Hand entgegen. Prisma stand etwas unsicher auf.

„Wohin gehen wir?", fragte Prisma.

„Wir gehen den Großen Himmlischen König fragen.", antwortete Quelle. „Es ist schließlich Sein Spiegel."

Prismas Augen weiteten sich vor Angst und sie schüttelte den Kopf. „Oh nein, das kann ich nicht! Ich bin kein Saphir."

„Das musst du auch nicht sein.", antwortete Quelle.

Prisma nahm Quelles Hand und wurde zum Rand des Teiches geführt.

„Jetzt springen wir.", wies Quelle sie an. Prismas Augen weiteten sich vor Entsetzen.

„Ins Wasser?", rief sie aus. „Was ist, wenn ich ertrinke? Was ist, wenn ich nicht schwimmen oder den Weg zurück finden kann?" Quelle lachte, aber Prisma spürte, dass es eine andere Art von Lachen war. Als Habgier gelacht hatte, fühlte es sich leer und zynisch an, aber Quelles Lachen gab Prisma Hoffnung. Quelle blickte Prisma noch einmal mit diesen wilden, geheimnisvollen Augen an. „Das ist der einzige Weg", sagte sie. „Man muss hinabsinken, um aufzusteigen."

Das Mädchen und der Geist sprangen Hand in Hand hinein. Langsam versank Prisma in das süßeste Wasser, das sie je geschmeckt hatte, und es war dick wie Honig. Das Hochgefühl, das sie durchflutete, machte sie ein wenig unruhig, aber sie spürte keine Angst. Je mehr sie unterging, desto mehr wollte sie, denn es war mit nichts, was sie bisher gekannt hatte, zu vergleichen. Gleichzeitig war es vertraut, wie das Gefühl, nach Hause zu kommen.

Langsam veränderte sich das Licht um sie herum, Ausbrüche reinen Lichts, wie Funken, nur viel viel heller, begannen sie zu umgeben. Prisma hatte das Gefühl, dass sie gleichzeitig ins Licht sank und gehoben wurde. Bald kam sie durch das Licht nach oben, bis sie so saß, wie sie immer auf ihrem Felsen saß, aber dieses Mal befand sie sich auf einer großen Wolke. Die Luft an diesem Ort war reines Licht, fast weiß, aber warm. Die Wolke trug Prisma durch das Licht. Es war so hell, dass Prisma nichts sehen konnte, aber sie konnte mehr hören und fühlen als zuvor.

„Ah, Geist!", rief eine freudige Stimme. „Eine weitere Tochter hat den Weg nach Hause gefunden!" Prisma konnte das melodische Lachen von Quelle hören. „Ich kann es kaum erwarten, dass sie Vater trifft", fuhr die Stimme fort. „Er hat sie so vermisst."

„Tochter? Vater?", dachte Prisma für sich.

Bald gewöhnten sich ihre Augen an das Licht und Prisma schwebte auf einen gewaltigen Thron zu. Sie sah drei Gestalten und von ihnen strahlte das ganze Licht aus.

Die erste Gestalt, die sie erkannte, war Quelle. Der Geist tanzte und lächelte und stand neben einer anderen Person. Er hatte die Statur und Haltung eines jungen Mannes, aber die Augen und den Gesichtsausdruck eines Kindes. Die beiden Wesen standen sich offensichtlich sehr nahe. Die letzte Figur konnte Prisma kaum anschauen. Er war riesig, ganz Licht und war derjenige, der auf dem Thron saß. Die Wolke, die das junge Mädchen trug, schwebte und ruhte am Fuß des Thrones. Prisma wusste, dass sie sich in der Gegenwart des Großen Himmlischen Königs befand und wagte es nicht aufzublicken.

„Vater", sprach der junge Mann, und obwohl Seine Stimme reif klang, hörte Prisma Freude und Jugend darin, „das ist das eine geistliche Geschöpf, von dem ich dir erzählt habe."

„Ah ja", sagte der Große König mit tiefer und klangvoller, aber sanfter Stimme. „Komm, mein Kind."

Der Große König griff nach unten und hob die Wolke hoch, auf der das Kind saß.

Als er Seine Hand Richtung Gesicht hob, löste sich die Wolke auf und Prisma blieb perfekt eingekuschelt in Seiner Handfläche liegen.

„Ich habe gehört, dass du eine ziemliche Reise hinter dir hast.", sagte der Große König.

Das Mädchen nickte. „Mein Name ist Prisma", begann sie, „und Quelle, ähm, ich meine Geist, hat mir diesen Spiegel gegeben. Er stammt aus dem Teich am Ende eines vergessenen Pfades, den ich gefunden habe. Ich war dort und habe wohl danach gesucht, wer ich bin und wohin ich gehöre. Dort an diesem Ort sagte sie mir, dass dieser Spiegel von Dir sei und dass ich, wenn ich nur hineinschauen würde, einen großen Schatz und eine Wahrheit sehen würde und wissen würde, wo ich hingehöre."

Prisma begann leise zu weinen, als sie ihre Geschichte erzählte. Der sanfte König nahm den Daumen Seiner anderen Hand und wischte dem Mädchen die Tränen ab. Prisma blickte zu Ihm auf und obwohl sie Sein Gesicht durch das Licht und die Herrlichkeit um Ihn herum nicht deutlich sehen konnte, konnte sie Seine Augen sehen. Sie waren sanft und umrahmt von Falten, nicht vom Alter stammend, sondern von Weisheit, Freundlichkeit und Liebe.

„Ich weiß, meine Liebe. Ich weiß alles, weil ich auf dich aufgepasst habe.", sagte Er.

„Das haben wir alle", antwortete der junge Mann.

„Wir waren immer da", fügte Geist hinzu.

„Wie meint ihr das?", fragte Prisma.

„Hole deinen Stein heraus", befahl der Große König. Prisma zog den Stein vorsichtig an der Kette hervor. „Und den Spiegel.", fügte der König hinzu.

Das kleine Kind hielt die beiden wertvollsten Gegenstände, die es jemals besessen hatte, in ihren Händen.

„Jetzt schau in den Spiegel und du wirst meinen größten Schatz finden."

Prisma schaute in den Spiegel, sah aber wieder einmal nur ihr eigenes Spiegelbild.

„Ich sehe nur mich selbst.", sagte das Mädchen traurig.

„Genau", antwortete der Große Himmlische König, „du bist mein größter Schatz."

Prisma, sowohl schockiert als auch etwas verwirrt, blickte erneut in den Spiegel und eine wunderschöne Geschichte begann sich zu offenbaren. Prisma sah ihr kleines Tal voller Licht und vibrierend mit Leben. „Es gibt keinen Nebel.", sagte sie.

„Das ist Glückseligkeit", erklärte der Große König, „Schlummer ist nicht der richtiger Name. Als Wir Glückseligkeit erschufen, war es als Lebensoase für meine Söhne und Töchter gedacht. Die Stadt wurde erst zu Schlummer, nachdem meine Söhne und Töchter zugelassen hatten, dass sich der Nebel niederließ."

Verliebt konzentrierte sich Prisma wieder auf den Spiegel.

Prisma sah zu, wie Kinder, ganz in Weiß gekleidet wie sie selbst, den vergessenen Pfad in das Tal der Glückseligkeit hinuntergingen. Sie wurden von dem jungen Mann begleitet, der der Sohn des Großen Königs war. Die Kinder wurden aus dem Teich geboren, in den der Geist Prisma springen ließ, und umarmten den Sohn zärtlich. Viele nannten Ihn Retter, einige nannten Ihn Wunderrat und andere nannten Ihn Frieden. Er redete und lachte mit jedem Kind, als es den Pfad vom Berg hinunterstieg und ermutigte es, während es den Weg weiter ins Städtchen beschritt. Einige kamen den Weg zurück und sprangen in den Teich, um den Großen König, Seinen Sohn und Seinen Geist zu besuchen. Bei immer mehr Kindern war dies jedoch nicht der Fall. Sie wuchsen auf und waren schließlich keine Kinder mehr. Ein Nebel begann sich über das Tal zu legen und der Pfad geriet in Vergessenheit.

„Es ist so traurig.", sagte Prisma leise. „Aber was hat das mit mir zu tun?"

„Lass mich deinen Stein sehen", sagte der Große König. Prisma hielt ihn hoch, und der Große Himmlische König nahm ihn sanft und reichte ihn dem Sohn. Der Sohn begann, ihn vorsichtig mit einem scharlachroten Tuch zu polieren, unterdessen erklärte der Große König:

„Alle Juwelen-Träger sind meine Kinder. Sie wurden von Uns dreien hier im Königreich Celestia erschaffen, wurden als Geist geboren und haben die Reise vom Berg herab unternommen und wurden Fleisch, um sich um die Welt Glückseligkeit zu kümmern, die Wir alle geschaffen hatten.

Doch Dunkelheit senkte sich über das Tal und der Geist in meinen Kindern begann zu sterben. Meine Kinder wurden von Uns getrennt und fingen an, Uns zu vergessen. Darum ging mein Sohn den Weg hinunter ins Tal, um Fleisch zu werden. Die Dunkelheit konnte Ihn aber nicht einholen, auch wenn sie es versuchte. Er besiegte die Dunkelheit mit Seinem Leben, Seinem Sterben und Seiner Rückkehr ins Leben und ließ das Licht, das von Unserem Wesen ausstrahlt, erneut auf das Tal scheinen."

„Ich kenne diese Geschichte.", sagte das junge Mädchen erfüllt von Ehrfurcht. „Die Saphire lehren sie. Wenn wir uns dafür entscheiden, den Großen König und Seinen Sohn zu lieben, dann wird das Licht auf uns scheinen."

„Ja", lächelte der Große König, „aber das Licht sollte mehr tun. Wenn du dich dafür entscheidest, den Sohn zu lieben, wirst du aus den lebendigen Wassern des Geist-Teiches wiedergeboren. Dein innerer Geist erwacht nicht nur wieder zum Leben, sondern du hast auch Zugang zu Meinem Thron. Mein Sohn hat sich selbst geopfert und diese Dinge gelehrt, damit alle meine Kinder wieder den Weg finden und in den Teich springen können, um mit Uns sprechen zu können und eins mit Uns sein zu können. Einige haben solche Pfade betreten, wie du auch. Andere wollten ihr Herz nicht für solche Dinge öffnen und tauschten ihre Diamanten aus diesem Reich lieber gegen andere Steine aus dem Tal. Sie ließen zu, dass ein Nebel über ihnen zu schweben begann, bis er so dicht wurde, dass sie schließlich einschliefen."

„Das ist dein Stein.", sagte der Sohn und hielt ihn hoch. „Es ist ein Diamant, ein Geschenk von meinem Vater persönlich. Er ist klar und rein und unschuldig, wie die Liebe, die du für mich und den Vater hegst. Er gehört nicht zu den schicken Gewändern, die man unten im Tal findet, sondern ist ein Teil deiner Ruhmesgewänder als Tochter, als Königin und Priesterin von Celestia."

Sanft platzierte der Sohn den Diamant von Prisma in die Mitte einer zarten Krone, wo er von vielen anderen Diamanten und Edelsteinen eingerahmt wurde.

Der Geist nahm die Krone vorsichtig auf und setzte sie auf den Kopf des Kindes.

„Willkommen zu Hause, Tochter!", alle drei Wesen weinten vor Freude.

Prisma konnte nicht glauben, was gerade geschah. Es war alles, was sie jemals gewollt hatte, und noch so viel mehr. Ein Stein, eine Krone und eine Familie, alles sogar noch schöner als die aus dem Tal unter ihr. Sie nahm die zarte Krone vorsichtig von ihrem Kopf und streichelte sie so sanft, wie sie es zuvor bei dem unbearbeiteten klaren Stein getan hatte.

„Was ist los?", fragte der Große König.

„Nichts", antwortete das Mädchen, „das ist mehr, als ich mir je erträumt habe. Aber…" Sie legte die Krone sanft in die Hand des Königs. „Ich brauche es nicht. Alles, was ich jemals wirklich wollte, ist genau hier, bei Dir Vater."

Plötzlich verstärkte sich das Licht der drei Wesen. Das Licht wurde so hell, dass es durch den Diamanten und das junge Mädchen hindurch schien, und das ganze Reich wurde mit wunderschönen Strahlen und Formen lebendiger Farben erfüllt. Farben, die satter waren als die Rot-, Blau- und Grüntöne in Schlummer, und Farben, die tanzten und atmeten. Prisma brauchte einen kurzen Moment, um zu erkennen, dass das Licht der drei Wesen durch sie hindurch schien und Regenbögen erzeugte.

„Was bedeutet das?", fragte sie voller Ehrfurcht.

„Sie hat sich für das Größere entschieden!", rief der Sohn unter Lachen und Tränen.

„Das hat sie tatsächlich!", lachte der Vater.

„Alle sind aus Uns geboren", erklärte Geist, „aber nur wenige entscheiden sich dafür, noch einmal aus dem Geist-Teich geboren zu werden. Noch weniger entscheiden sich für das Größere. Es bedeutet, den vergessenen Pfad zu gehen, mit Uns zu kommunizieren und dem Vater zu erlauben, die Krone zu halten."

„Aber wer möchte nicht hier sitzen? Wer möchte den Vater nicht kennen lernen?", rief das Mädchen. „Wer würde sich nicht für diese Liebe entscheiden?"

„Es liegt daran, dass sie eingeschlafen sind.", antwortete der Sohn mit einem Seufzer. „Sie können ein wenig vom Licht sehen und fühlen, aber sie sind nicht in seiner Fülle erwacht."

„Ja…", fügte der Vater hinzu und rieb sich mit einem Augenzwinkern das Kinn. „Wenn nur jemand den Menschen im Tal die Wahrheit erzählen würde. Wenn nur jemand den Sieg Meines Sohnes, die Freundschaft Meines Geistes und die Liebe Meines Herzens teilen würde, damit sie erwachen und den Nebel vertreiben würden. Aber wer könnte mein Bote sein? Wen könnte ich schicken?"

Prismas Augen öffneten sich weit und ihr Arm schoss in die Höhe. „Ich will! Ich werde für Dich gehen!"

Der Vater lachte ein herzliches, tief aus dem Bauch kommendes Lachen. „Natürlich wirst du das, mein Kind!"

Geist nahm das scharlachrote Tuch vom Sohn und berührte Prismas Lippen, die vor Freude anfing zu weinen.

„Ich... ich erinnere mich…", rief das Mädchen. Millionen von Erinnerungen strömten auf sie ein und die Freude konnte nur in Tränen zum Ausdruck gebracht werden. „Ich erinnere mich an diesen Ort."

„Ich erinnere mich, als Du das Tal der Glückseligkeit geschaffen hast. Ich war dabei, als Du das Wasser gemalt hast." Prisma konnte nicht sagen, ob sie lachte oder weinte, ob sie mit dem Kopf nach oben oder unten lag. „Ich erinnere mich, wie ich mit dem Sohn den vergessenen Pfad gegangen bin, ich erinnere mich, wie ich auf Seinem Schoß saß, auf dem Felsen, im geheimen Garten. Ich erinnere mich an die Stimme von Geist, die mich tröstete, als ich weinte. Und ich erinnere mich daran, dass ich dem hier zugestimmt habe … Diesem Moment jetzt." Prisma konnte nicht anders als zu weinen.

Geist schlang ihre Arme um Prisma und tröstete das Mädchen. Prisma spürte, wie die Tränen des Vaters auf sie herabfielen, wie warme Milch und Wein.

Mit Freundlichkeit sprach er: „Höre Kind, auf die Wahrheiten, die ich mit dir teilen werde."

„Alle meine Kinder sind Diamanten. Sie wurden geschaffen, um Mein Licht zu tragen und es durch sie hindurch scheinen zu lassen, damit die Farbe ihrer Berufung ins Tal strahlen würde. Für viele von ihnen wurde die Berufung wichtiger als Ich und sie schufen künstliche Steine. Lass mich erklären.

Gesetz vertritt meine Kinder, die als Botschafter geschaffen wurden, um der Regierung meines Königreiches vorzustehen. Sie wurden geschaffen, um Gerechtigkeit zu begehren und mit ihr zu regieren, haben aber die Verbindung zu meiner Gerechtigkeit verloren. Ich habe ihnen das Gesetz gegeben, damit sie erkennen, dass sie Mich mehr brauchen. Nur durch Mich können sie den wahren Zweck von Recht, Ordnung und Gerechtigkeit verstehen. Meine Gerechtigkeit ist durch den Thron Meines Sohnes, den Thron der Barmherzigkeit, erfüllt worden. Gesetz tauschte die Farbe scharlachrot, die Farbe der Barmherzigkeit, gegen die niedere Farbe rubinrot ein."

„Lehre repräsentiert meine Kinder, die geschaffen wurden, um über Mich und Uns zu lehren. Sie besaßen die Gabe, andere in Anbetung zu führen und sie auf dem Weg zu Mir hin zu begleiten. Doch im Nebel tauschten sie das Wissen um die wirkliche Einheit mit Uns gegen das Wissen über Uns ein. Ihre Anbetung wurde zu einem Ritual, und sie wollten die Rituale für sich selbst durchführen, weil sie sich Uns dadurch näher fühlten als die anderen Kinder. Die Wahrheit ist, dass sie sehr wenig über Uns wissen. Sie suchen sich meine Worte aus und haben Angst davor, meinen Geist kennenzulernen. Sie tauschten die blauen Farbtöne der Einheit mit Geist gegen die niedere Saphirfarbe des Wissens über den Geist ein."

„Habgier repräsentiert alle meine anderen Kinder, die den Kontakt zu mir verloren haben und auf die dunklen Stimmen der Angst, Gier und Neid gehört haben. Habgier glaubte einst an meine Versorgung und vertraute auf meine Treue. Als sich jedoch der Nebel über das Tal zu legen begann, veranlasste sie ihre Sorge dazu, auf den Reichtum selbst zu vertrauen und nicht auf Mich. Habgier ist am wenigsten schläfrig von allen Juwelen-Trägern in Schlummer, denn sie sieht die Leere der Praktiken von Gesetz und Lehre. Anstatt jedoch mit ihren Verletzungen und Ängsten zu mir zu kommen, ließ sie zu, dass diese zu Bitterkeit und Groll wurden. Sie strebt nach mehr und nutzt das, was sie hat, um Gesetz, Lehre und andere zu manipulieren. Und obwohl sie die Zerbrochenheit von Schlummer sieht und den Nebel über dem Tal wahrnimmt, weigert sie sich, sich dem Licht hinzugeben. Ihr Vertrauen ruht auf der eigenen Versorgung und der flüchtigen Sicherheit, die sie ihr gibt, und die will sie nicht verlieren."

Prisma ließ die Worte des Vaters tief in ihr Herz eindringen und verbarg sie dort.

„All das sage ich dir, Kind, damit du Mitleid mit Gesetz, Lehre und Habgier hast, auch wenn sie dich verletzt und vernachlässigt haben." Der Vater fuhr fort: „Nur mit Mitgefühl und erfüllt von der Liebe zu Uns wirst du in der Lage sein, meine Kinder aufzuwecken."

Der Vater wischte sich eine Träne aus dem Gesicht. „Keines meiner Kinder wurde schlecht erschaffen. Sie sind nur fehlgeleitet, schlafen und sind sich der Fülle dessen, wer sie sind und zu wem sie gehören, nicht bewusst. Sie müssen aufgeweckt werden, um Uns wieder erkennen und lieben zu können. Denn in Kürze wird Mein Sohn ins Tal zurückkehren, um alle meine Kinder, alle, die Uns wirklich geliebt haben, nach Hause zu holen. Mein Wunsch ist es, dass keines meiner Kinder davon abgehalten wird, nach Hause zu kommen."

Prisma holte tief Luft. Sogar ihr Atem fühlte sich jetzt an, als ob er den Vater in sich trug. „Ich werde mein Bestes geben, Vater."

„Das wissen Wir.", antwortete er, während er sie wieder sanft auf eine Wolke legte. Prisma ließ sich in der weichen, zuckerwatteartigen Luft nieder, unsicher, ob sie bereit war zurückzukehren, gleichzeitig wissend, dass sie es tun musste.

„Noch etwas", sagte der Vater, bevor er sie freiließ. „Lass mich dir noch ein Geheimnis verraten. Du bist immer willkommen, den vergessenen Pfad zu gehen, Prisma, egal wohin du gehst. Es gibt noch viele andere Täler in meinem Königreich, die erweckt werden müssen, genau wie Schlummer. Aber sei dir dessen bewusst: Der vergessene Pfad, der Geist-Teich, ist in dir. Du trägst das Tor zu Celestia in dir, genauso wie du Meinen Sohn und Geist in dir trägst.

Denke daran, denn nur wenn du diesen Pfad gehst und mich besuchst, wirst du die Klarheit und den Zweck deiner Krone bewahren können. Besuche Uns und lass Uns weitere Geheimnisse mit dir teilen. Erlaube mir, deine Krone zu polieren, damit sie und du immer rein sind, damit das Licht die lebendigen Farben der Offenbarung durch dich scheinen lassen kann. Denke daran, wähle immer das Größere, damit der Nebel über dem Tal nicht anfängt, deine Augen zu verdecken und du auch einzuschlafen beginnst."

„Oh, das werde ich!", antwortete Prisma und freute sich, dass sie immer an diesen wunderbaren Ort zurückkehren konnte.

Mit der Spitze Seines Fingers hob der Vater die winzige Krone auf und setzte sie sanft zurück auf den Kopf Seiner Tochter. Dann berührte Er mit Seinem Finger ihr Herz.

„Ich gebe dir Mein Herz, damit du immer von Mitgefühl für meine Kinder geleitet wirst.", sagte er.

Der Sohn ging zu Prisma und nahm ihre Hände. „Ich gebe dir Meine Hände", sagte der Sohn, „um schöne Dinge zu erschaffen, die andere berühren und ihnen Leben schenken."

Schließlich schwebte Geist herüber, wirbelte um das Kind herum und drückte ihr dann einen sanften Kuss auf die Stirn. „Ich gebe dir Meine Augen", sagte der Geist, „damit du immer das Werk und den Willen des Vaters siehst und dass dir Seine vielen Reiche und Geheimnisse offenbart werden."

Damit blies der Vater sanft die Wolke mit Prisma ins Licht. Als sie begann, Celestia zu verlassen und in den Geist-Teich zurückzusinken, hörte sie den Sohn rufen: „Und denk daran, dass Wir bei dir sind, bis zum Ende der Zeitalter."

Ich habe diese Geschichte mit einem Geheimnis begonnen, nämlich dass sie ein Diamant war. Ein Diamant unter Diamanten, die vergessen haben, wer sie sind. Nur ein Kind des Großen Himmlischen Königs sah das Wunder und die Schönheit Seines Geistes überall um sich herum. Ihr Name war Prisma, sie wurde geschaffen, um mit Seinem Licht gefüllt zu werden und es durch sich hindurch leuchten zu lassen.

Wenn auch du eingeschlafen bist, dann ist es Zeit aufzuwachen.

„Hebt eure Häupter empor, ihr Tore, und hebt euch, ihr ewigen Pforten, damit der König der Herrlichkeit einziehe!" Psalm 24,7 Schlachter

„Und ich hörte die Stimme des Herrn fragen: Wen soll ich senden, und wer wird für uns gehen? Da sprach ich: Hier bin ich. Sende mich!"
Jesaja 6,8 Schlachter

„Was mich betrifft, weil ich unschuldig bin, werde ich Dein Gesicht sehen, bis ich Dich so sehe, wie Du wirklich bist. Dann werde ich in Deiner Gestalt erwachen und völlig zufrieden und erfüllt sein in der Offenbarung Deiner Herrlichkeit in mir!"
Psalm 17,15 TPT – eigene Übersetzung

Über die Autorin

Michaela Adeline Cozad, in ihrem Beruf als Michaela Adeline bekannt, ist eine Liebhaberin Christi, die als Künstlerin und Kunstlehrerin arbeitet. Im Jahr 2019 verspürte sie den Ruf, anderen zu helfen, ihre kreative Autorität zu entdecken. Mit dem Segen ihres Pastors und ihrer Leiter begann sie, kleine prophetische Kunstkurse bei sich zu Hause zu veranstalten. Anfang 2021, spürte Michaela erneut, dass der Herr sie rief, einige Träume in Gott - Größe zu verfolgen.

Der erste Auftrag bestand darin, einen mobilen prophetisch - künstlerischen Dienst zu gründen: das "Lotus Crown Art Studio". Als zweiten Auftrag sollte sie ihre geistliche Reise und ihre Erfahrungen mit dem Herrn in einem von Gott inspirierten Kinderbuch teilen: "Der vergessene Pfad: Ein Kinderbuch für jedes Alter".

Michaelas Gebet ist es, dass jeder Mensch, der dieses Buch liest, die greifbare Gegenwart des Vaters spürt. Weiterhin, dass sie durch das Licht Seiner Liebe erweckt werden und in den Geist - Teich springen, um Ihn, als Seine kostbaren Kinder, noch einmal zu besuchen.

Seraph Creative ist ein Kollektiv bestehend aus Künstlern, Schriftstellern, Theologen und Illustratoren, die es auf dem Herzen haben zu sehen, wie der Leib Christi in die volle Reife kommt und in sein Erbe als Söhne Gottes auf der Erde hineintritt.

Melde dich für unseren Newsletter an, um über zukünftige spannende Veröffentlichungen informiert zu werden.

Besuche unsere Website auf:

www.seraphcreative.org